Evincepub
Publishing

Evincepub Publishing

Nehru Nagar, Bilaspur, Chhattisgarh 495001
First Published by Evincepub Publishing 2021

ISBN: 978-93-5446-288-7

सतरंगी एहसास

अनुपमा 'अनुभवी'

समर्पण

" मेरी हिम्मत औ मेरी ताकत थे तुम
थी नही कोई परवाह सलामत थे तुम
छोड़ क्यूँ तुम गए दर्द क्यूं दे गए
भूल क्यूँ ये गए सबकी चाहत थे तुम"

जी हाँ मैं अपना ये प्रथम काव्य-संग्रह अपने पिता स्वर्गीय श्री गिर्राज प्रसाद गुप्ता जो कि पेशे से रजिस्ट्रार कानूनगो रहे के श्री चरणों में समर्पित करती हूँ।

मुझे पता है बाबूजी गर आप होते तो मेरे इस काव्य-संग्रह को देख अत्यंत खुश होते क्यूंकि मेरी जिंदगी में आप एक मात्र ऐसे इंसान थे जिन्होंने मुझे सदैव ही आगे बढने के लिए प्रेरित किया ,साहस दिया, भरोसा किया और मुझमें वोह काबिलियत भी देख डाली जिसके काबिल मै थी ही नहीं। आपसे बिछुड़ने के बाद निरंतर ही मैं हतोत्साहित होती रही और आत्मविश्वास में इस कदर कमी आई कि जीवन से डर लगने लगा।

खैर आप इंसानियत के धनी होने के साथ ही एक कर्मठ , मेहनती और एक निडर इंसान थे। आपका व्यक्तित्व ही कुछ ऐसा था कि आपके सीनियर तक आपसे खौफ खाते थे। भक्ति, दान-पुण्य से भी आपका गहरा नाता था। मुझे गर्व है कि मै एक ऐसे महान व्यक्तित्व रखने वाले धनी इंसान की सबसे छोटी बेटी हूँ।

अनुपमा 'अनुभवी'

पुस्तक के बारें में

"जाग उठी वोह आस, सुप्त सी पड़ी हुई थी सांसों में

अनुभव लेकर आई 'अनुभवी' "सतरंगी एहसासों में "

जी हाँ दोस्तो मैं आपकी अपनी दोस्त अनुपमा 'अनुभवी' आपके लिए एक ऐसा काव्य संग्रह लेकर आई हूँ जिसमें एक इंद्रधनुषीय रंगों की छटा का आभास होता है। प्रेम, विरह, देशभक्ति, हास्य,व्यंग ,बचपन, साहस, यथार्थ और मनमोहक प्रकृति को वर्णित करते हुए न जाने कितने ही एहसासों को पुनः जीवित कर जाता है मेरा ये काव्य-संकलन 'सतरंगी एहसास'

कहीं "सुरभित मुखरित-पर्यावरण" और "रुदन आसमां का" कविता के रूप में प्रकृति हंसती, रोती, खिलखिलाती नजर आती है तो कहीं दर्द के अथाह सागर में गोते लगाती "टूटते रिश्ते" , "बदलते एहसास" और "सिसकती आत्मा" जैसी और कई अश्रुपूर्ण रचनाऐं हैं....तो कहीं "हमने हार कहाँ मानी है" और "अबला बन तू वीरांगना" , "कीमत जान की"जैसी साहसिक रचनाऐं भी अपना एक अलग ही जगह बनाए हुए हैं........अगर बात करें प्रेम और हास्य की तो "अच्छा उन्हें मैंने बज्जा बनाया" , "संदेश", "समा प्यार का", और "हमसे है जमाना" मजेदार और शानदार रचनाऐं हैं मेरी। "अबोध बालक मन" आध्यात्मिकता की ओर

ढकेलती रचना है और समसामयिक रचना के रूप मे "हर चीज की जरूरत होती है" एक बेजोड़ और मेरी पसंदीदा रचना है इनके अतिरिक्त इस संग्रह की जान है "अधूरी आस" जो एक विधवा नारी की मनोदशा और स्थिति को दर्शाती है .....तो दोस्तो ऐसा है मेरा "सतरंगी एहसास" काव्य संग्रह जिसमें कोई भी रंग अछूता नहीं रहा है ....

मेरे इस संकलन में सरगम की लहरों पर गुनगुनाते अन्तर्मन के कुछ भाव गीत बन बैठे हैं जिन्हें अक्सर ही गुनगुनाया है मैंने कभी आँखो की तारीफों में तो कहीं 'अधूरी आस' के एहसासों में और कभी बातो ही बातो में दिल खो जाने की बात में .....खट्टे, मीठे, कड़वे और नमकीन हर तरह के एहसासों का स्वाद समाहित है मेरे इस संकलन 'सतरंगी एहसास' में उम्मीद ही नहीं वरन् पूर्ण विश्वास है मुझे कि पाठकों को निश्चित ही पसंद आएगा।

धन्यवाद

अनुपमा 'अनुभवी'

लेखक के बारें में

भगवान श्री कृष्ण की जन्मभूमि मथुरा (लोहवन) मेरी भी जन्मभूमि रही और बृज की इसी पवित्र रज में मैं भी खेली-कूदी और बड़ी हुई।

अगर मैं बात करूं अपने लेखन के शुरूआती दौर की तो शायद मैं 8वीं या 9वीं क्लास में रही होंगी जब समाज में लड़का-लड़की के बीच होने वाले भेद-भाव ने (हालांकि हमारे घर में ऐसा बिल्कुल न था) मेरे अंतर्मन में एक बगावत का बीज बो दिया और मेरा अंर्तमन न जाने कितने ही सबाल-जवाबों के बीच क्रीडा करने लगा ....बस यहीं से मैं खुद से बातें करने लगी और आज तक करती हूँ....दर्द और रोष ने मन को इस कदर भर दिया कि लेखनी उतावली हो उठी मन के भावों को कागज पर उकेरने के लिए और तब मैंने अपने लेखन की शुरूआत एक लेख "स्त्रियों का दुखमय जीवन उनके सामाजिक प्रतिबंध" से की फिर न जाने कब, कैसे मेरी लेखनी काव्य की ओर उन्मुख हो गई पता ही न चला और अब मै टूटी- फूटी कविता लिखने लगी थी और धीरे-धीरे गज़ल, गीत, भजन, मुक्तक ,उद्धरण और हर तरह की कविताऐं लिखने लगी थी।

यहाँ मैं उन सभी का धन्यवाद करना चाहूंगी जिन्होने मुझे लिखने के लिए प्रेरित किया या लेखन-पात्र बने और मैं उनकी भी दिल से शुक्रगुज़ार हूँ

जिन्होने मुझसे अपने सीक्रेट शेअर कर लिखने के लिए अनेक विषय दिए।

मथुरा के आर्य कन्या इण्टर कालेज से 10 वीं और किशोरी रमण इण्टर कालेज से 12वीं करने के बाद मैने दिल्ली विश्वविध्यालय से बी ए आनर्स (म्यूज़िक) किया और फिर आगरा विश्वविध्यालय से एम. ए ,बी एड करना कुछ व्यक्तिगत कारण और वक्त की मांग रही।

खैर...बचपन से ही चाह थी कुछ कर गुजरने की हुनर की भी कोई कमी न थी तो सपनो का उड़ान भरना भी लाज़मी ही था मगर अफसोस कि मेरे सारे हुनर एक रॉ मैटेरियल बनकर तब बिखर गए जब किस्मत ने मुझे ऐसी जगह लाकर रख दिया जहाँ किसी हुनर का कोई मूल्य न था। न किसी का साथ था न कोई किसी तरह का सहयोग। फिर क्या था मेरे पास सिवाय समझौते के कोई रास्ता न रहा बस जब भी दिल किया और वक्त मिला तो कभी-कभी अपने लेखन का शौक जारी रखा।

सोच-विचार, उसूल-सिद्धांत,पारदर्शिता और न्यायपूर्णता ने शुरू से ही मेरा दामन इस कदर जकड़ रखा था कि चाहकर भी मै इस समाजिक परिवेश मे खुदको ढाल न सकी और मैने खुदको हर वक्त हर जगह सदैव अकेला ही खड़ा पाया और रही सही कसर जिंदगी के उन थपेड़ों ने पूरी कर दी कि फिर कोई ख्वाहिश ही न बची किसी के साथ की.....

"ये रिश्ते - नाते, भाई - बंधु सब तेरे कारण हार गए

ऐ सत्य तुझे अपनाकर हम तनहा ही उमर गुजार गए"

मगर इसका मतलब ये नहीं कि मैने रिश्तो का सम्मान नही किया या उनके साथ न चली... जरूर चली बस खलिश रही तो बस इतनी कि कोई मुझे समझ न सका खैर.......अपने तो अपने होते हैं न साहब.. ऐसा लोग कहते हैं....ह ह ह ह ह ह

और अब करते हैं बात अपनो की तो......

मैं यानि अनुपमा 'अनुभवी' मेरे पति मिस्टर योगेश गुप्ता (कैमिकल इन्जीनियर) एक अच्छे बिजनिसमैन हैं।

पुत्र अनुभव गुप्ता और पुत्री गरिमा गुप्ता है।

मेरे पिता स्वर्गीय श्री गिर्राज प्रसाद गुप्ता (रजिस्ट्रार कानूनगो) और माँ श्रीमती राजेश्वरी देवी हैं।

ससुर साहब स्वर्गीय श्री किशनलाल गुप्ता (सिचाई विभाग में office supremeant) और सासु माँ स्वर्गीय श्रीमती विमला देवी थी। इन सभी के आशीर्वाद की शुभेच्छा रखने के साथ ही मैं अपने परिचय को यहीं विराम देती हूँ।

धन्यवाद

अनुपमा 'अनुभवी'

विषय सूची

माँ शारदे वंदना

आह्वान करते हम बालक

माँ शारदे, कमलदल-वासिनी

रोम-रोम में ज्योति जगा दो

हे माँ ज्ञान-प्रकाशिनी

विराजो हंस-वाहिनी, सु-वासिनी......

श्वेत-वस्त्र धारण कर आओ

ओढ़के चुनरी धानी

वरद्हस्त बन शीश विरजो

चक्षु-भाव बन पानी

विरजो ज्ञान-प्रकाशिनी,

तिमिर-नाशिनी.........

मुख-मंडल की आभा बनके

जिभ्या की मृदु-वाणी

होठों की मुस्कान बनो तुम

कंठ सुरों की रानी

विराजो वीणा-वादिनी, सु-वासिनी.......

कर-शोभा वीणा,पुस्तक बन

बुद्धि की बुद्धमानी

दूर करो अज्ञान, अंधेरा

और सभी नादानी

विराजो ज्ञान-प्रकाशिनी, तिमिर-नाशिनी......

अधूरी आस (विरह-गीत)

उनके आने की खबर काश मुझे मिल जाए,
ज़िंदगी की अधूरी-आस पूरी हो जाए.....

नहीं शिकवा के मुझे छोड़कर गए हैं वोह
सहारा दिल का एक तोड़कर गए हैं वोह
काश! ये दर्द मेरा आज कोई सुन पाए.....
ज़िंदगी की..................................

बहुत भाता था उनको पहनते जब रंग लाल।
रंग ये कौन-सा देकर गए हैं प्रिय आज।।

बड़े नीरस बड़े बेरंग हो गए हैं वोह
कफ़न देकर कफ़न ही ओढ़कर गए हैं वोह
काश रंगों-सी मेरी ज़िंदगी संवर जाए.....
ज़िंदगी की......................................

तुम्हारे बाद कितने क्रूर हो गए हैं लोग
मेरी बिंदिया मेरा सिंदूर ले गए हैं लोग
काश श्रंगार मुझे फिर से वही मिल जाए....
ज़िंदगी की......................................

खनकती चूड़ी की आवाज़ से तुमको जगाना।
कैसे मैं भूल पाऊंगी वही मंजर सुहाना।।

तोड़कर चूड़ियां अन्याय कर रहे हैं लोग
ज़िंदगी मेरी है पर न्याय कर रहे हैं लोग
काश ये फैसला भगवान आके कर जाए
ज़िंदगी की......................................

ख़फा होकर के कैसै सामने पड़े हैं वोह
ज़िंदगी लुट गई पर उफ्फ़ नहीं करे हैं वोह
आँख खुल जाए काश! होश उनको आ जाए
ज़िंदगी की......................................

विमुख होकर इस तरह ज़िंदगी से दूर जाना।

भूल क्यूं तुम गए उन सात वचनो को निभाना।।

विमुख होकर के अपने फ़र्ज़ से गए हैं वोह

बहुत चालाक हैं आराम को गए हैं वोह

हाय आराम ऐसा काश! मुझे मिल जाए

ज़िंदगी की अधूरी............................

शादी बिटिया की है और रस्म निभा रहे हैं लोग,

जहाँ में तुम नहीं एहसास दिला रहे हैं लोग

काश! सम्मान मुझे आज वही मिल जाए

ज़िंदगी की.......................................

निभाया था यहाँ पर साथ निभाते वहाँ भी प्यारे।

अगर ले जाते अपने साथ में वोह प्रिय हमारे।।

मोड़ है कौन-सा जिस राह पर गए हैं वोह

मिटाके हर निशान जाने के गए हैं वोह

काश! मुझको भी डगर ऐसी कोई मिल जाए

जिंदगी की.......................................

मूंदकर आँखें मेरी गुनगुना रहे हैं वोह
हाथ से छेड़कर कंगन बजा रहे हैं वोह
काश! ये ख्वाब मेरा आज पूरा हो जाए
जिंदगी की.......................................

बहुत ही याद आता है उनका चुपके से आना।
मिला मौका कहीं भी बिन बताए छेड़ जाना।।

बड़े शैतान हैं कैसे चिढ़ा रहे हैं वोह
दिखाके खिड़की से पायल बुला रहे हैं वोह
काश! एहसास मेरा आज पूरा हो जाए
जिंदगी की.......................................

जुदाई में तड़पता छोड़कर गए थे वोह
मिलेंगे फिर कभी ये बोलकर गए थे वोह
काश! वो मिलना मेरा आज उनसे हो जाए
ज़िंदगी की.......................................

हर चीज की जरूरत होती है

इस तंगेहाल जमाने में, हर चीज की जरूरत होती है।
प्यासे को पानी और रोटी, भूखे की जरूरत होती है।।

बेशक भर दो घी से दीपक, नहीं जल पाएगा दीप कभी,
पूजा का दीप जलाने को, बाती की जरूरत होती है।।

इस भेद-भाव की दुनियाँ में, कैसे पनपेंगे रिश्ते भी,
जहाँ रिश्तेदार बनाने को, जाति की जरूरत होती है।

बन रहा है हर रिश्ता झूठा, इस धोखे वाली दुनियाँ में,
खूनी संबन्ध बताने को, राखी की जरूरत होती है।

नहीं सीखोगे कुछ आज यहाँ, कल क्या, किसको, सिखलाओगे??
कोई भी फसल उगाने को, माटी की जरूरत होती है।

नारी का कर अपमान सदा, अस्तित्व कहाँ तुम पाओगे,
राजा की कथा सुनाने को, रानी की जरूरत होती है।

निर्धन का धन बस इज़्ज़त है, इसको तो उसे बचाने दो,
एक नग्न अवस्था नारी को, साड़ी की जरूरत होती है।

कैसे बढ़ पाएगा आगे, कोई साथ नहीं है जब तेरे,
लंगड़े को राह चलाने को, लाठी की जरूरत होती है।

जो चले गए इस दुनियां से, करते है याद कौन जाने?
संदेश लिखित पहुंचाने को, पाती की जरूरत होती है।

बेदर्द हुई इस दुनियाँ में, तू दर्द सुनाएगा किसको?
एक मन की पीर सुनाने को, साथी की जरूरत होती है।

मत भूल खुदा का नाम अरे! जिसके कारण तू आया है,
एक नाव को पार लगाने को, मांझी की जरूरत होती है।

'अनुभवी अनुपमा' क्या बोले, इस मार भरी महंगाई को,
रोटी, कपड़ा और एक मकान, इंसान की जरूरत होती है

हमसे है ज़माना

अपने मिलन की भले आस ना
फिर भी मैं माँ बनूं और तुम आसमां
कोई रात हम भी क्षितिज में बिता लें
भ्रम ही में सही कुछ नज़दीक आ लें......

मुझे तुम निहारो मैं तुमको निहारूं
बाहों के मैं हार तुमको बना लूं
अगर बूंद बनके बरस जाओ तुम भी,
तो दुलहन के जैसे मैं खुदको सजा लूं.......

आ अपनी धड़कन में तुमको बसा लूं
होठों से अपने तुम्हें गुनगुना लूं
आगोश में गर समा जाओ मेरी,
तो सारे जमाने से तुमको चुरा लूं........

पर सम्भव कहाँ ऐसा मिलना-मिलाना?
आसान कहाँ है क्षितिज में भी आना?
हमें फर्ज़ भी तो निभाने हैं सारे,
गर हम नहीं तो कहाँ है जमाना?

ये चाँद, सूरज और तारे तुम्हारे
रहें जीव आँचल में मेरे भी सारे
कर्तव्य अपने निभाने ही हैं तो,
मैं अपनी जगह लूं तू अपनी जगह ले......

टूटते रिश्ते

टूटकर सब बिखर रहे हैं रिश्ते सामने,
कर दिया क्या कमाल सिर्फ एक दाम ने...

सुनाती मात जब लोरी, साथ सो जाते थे,
चीज कोई भी हो चाहे, त्याग कर जाते थे।
मगर अब दे दिया धोखा, भाई को भाई ने,
कर दिया क्या कमाल, बेरहम दगाई ने.....

बहुत प्यारा था रिश्ता बहन और भाई का,
नहीं मतलब था कोई , बीच में लड़ाई का
तोड़ दिया धागे का बंधन, बहन और भाई ने,
कर दिया क्या कमाल , अहम (ईगो) और कमाई ने....

बड़ा न्यारा था वोह बचपन, जिसे हम जीते थे,
एक ही बर्तन में खाना एक में पीते थे।
किया है पीठ पीछे वार , मीत तेरे हाथ ने ,
कर दिया क्या कमाल , उस पुरानी बात ने....

बड़े अरमान से उस दिन, उठी डोली हमारी,
छोड़कर अपनों को रोता, हुई थी मैं तुम्हारी।
लिख दिया कागज पर रिश्ता, नहीं कोई साथ में,
कर दिया क्या कमाल, आज मेरे नाथ ने......

सो रहे चैन से, सड़कों पे सो रही है माँ,
पैर नंगे फटी साड़ी में, रो रही है माँ
आज बनवास दे दिया है, मेरे राम ने,
कर दिया क्या कमाल, आज एक लाल ने.....

पड़ गई लत नशे की, पीने अब जाऊं कहाँ ?
बिक गया सब मगर,अब डूबने जाऊं कहाँ ?
बेच भी डाली रे बेटी, जनम दिया मात ने,
कर दिया क्या कमाल, हाय शराबी बाप ने....

सुरभित-मुखरित-पर्यावरण

पर्यावरण हुआ है मुखरित,
सुरभित हुआ जहान है
महक उठी है कली-कली अब,
हर पत्ते में जान है......

कोयल की कहीं कूक खो गई,
पपीहा का कहीं गाना
और मोर भी भूल गए थे,
घर की छत पर आना.....

निर्भय हो अब उड़े परिंदे,
पवन वेग-से वह के
और कभी डाली पर झूले,
जोर-जोर से चहके......

रश्मि ने लाली बिखेर,
दुल्हन-सा रूप सजाया
सजी हुई वसुधा पर देखो,

मेघों का दिल आया.....

मन-मुखरित हो उठे मेघ ने,
ऐसा राग सुनाया
बूंदों से चुंबन दे-दे कर,
भूमि को महकाया....

चंचल सी ये धवल चाँदनी,
चन्द्रमुखी बन आई
आज धरा संपूर्ण प्रकृति,
देख-देख हरसाई .....

समां प्यार का

समां याद आया वही प्यार का,
मुझे चूमना मेरे यार का
उन्हें देखकर मन ये झूमा खुशी से,
जो उस दिन जुदा होके वीरान था।
समां..................................

वोह है यार मेरा, वोह है प्यार मेरा,
मैं हूँ उनकी रजनी वोह मेरा सवेरा,
किसीको पता क्या वोह हैं कौन मेरे,
वही ख्वाब मेरा है दिन-रात का।
समां................................

मुझे देखकर दूर से मुस्कुराना,
धीरे से फिर मेरे नज़दीक आना,
हाथों में लेकर फिर हाथ मेरा,
वही घूमना मेरे श्याम का
समां.............................

मेरी ज़ुल्फ खुद अपने हाथों सजाना.
कपोलों को धीरे से फिर सहलाना.
लेकर मुझे अपनी आगोश में फिर.
वही प्यार करना मेरे प्यार का।
समां..................................

कांधे पे सर रखकर उनको सुलाना.
कभी प्यार से हाथ उनको लगाना.
एक बार तो प्यार कर मेरी सीता.
ये अनुरोध करना मेरे राम का।
समां............................

बदलते एहसास

तेरी दर्दभरी आवाज़ों ने,
आते ही जिसे रुलाया था।
ऐ माँ तेरी कोई पीड़ा,
अब उसे रुला नहीं पाती है ।

उन बेचैनी सी रातों में,
लोरी बिन नींद न आती थी।
उस माँ की श्री मुख वाणी अब,
कानों में शोर मचाती है।
ऐ माँ तेरी कोई पीड़ा,
अब उसे रुला नहीं पाती है......

हर ख्वाहिश पूरी करने को,
जो खुदको ही अजमाती थी।
उस माँ की वोह औलादें अब,
दो रोटी को तरसाती है ।
ऐ मां तेरी कोई पीड़ा,
अब उसे रुला नहीं पाती है......

जिस तन-मन के स्पर्शों से,
ममता की खुशबू आती थी
उन हाथों की छुवन से अब,
उन बन्दों को घिन आती है।
ऐ माँ तेरी कोई पीड़ा,
अब उसे रुला नहीं पाती है........

मुश्किल से मुश्किल घड़ियों में,
जो सबको गले लगाती थी।
वोह दुखियारी,बेबस माँ अब,
कई हिस्सों में बंट जाती है।
ऐ माँ तेरी कोई पीड़ा,
अब उसे रुला नहीं पाती है......

एक युग था माँ की चाहत को,
पूरा करने वन राम गए।
दुत्कारें खा-खा कर अब माँ,
औलाद की लाज बचाती है।
ऐ माँ तेरी कोई पीड़ा,
अब उसे रुला नहीं पाती है......

हमने हार कहाँ मानी है

कंटक भरी हुई राहों की,
बेशक थाह नहीं जानी है।
पर कह दो थकी हुई श्वांसों से,
हमने हार कहाँ मानी है ?

गहराया घनघोर अंधेरा,
सूरज में भी कहाँ लाली है ?
वक्त हुआ बलवान बहुत अब,
जिसे हराने की ठानी है।
कह दो थकी हुई श्वांसों से,
हमने हार कहाँ मानी है ?

हुआ धर्म संक्षिप्त,
अधर्मी करे भले मनमानी है।
रामायण की बिसरी गाथा,
अब जन-जन तक पहुंचानी है।
कह दो थकी हुई श्वांसों से,
हमने हार कहाँ मानी है ?

प्यासा है सम्मान बेचारा,
अपमानों की महामारी है ।
रिश्ते चकनाचूर हो रहे,
जिन्हें बचाने की बारी है ।
कह दो थकी हुई श्वांसों से,
हमने हार कहाँ मानी है ?

हाहाकार मचा दुनियां में,
परेशान हर प्राणी है ।
विजय-पताका फहराने की,
फिर भी मन में ठानी है ।
कह दो थकी हुई श्वांसों से,
हमने हार कहाँ मानी है ?

औरत

तुझे दान दिया है जीवन का,
अस्तित्व मिला है मुझसे ही
तुझे पान कराया स्तन का,
तेरी भूख मिटी है मुझसे ही.....

कितनी मन्नत मांगी उससे,
कितने ही कष्ट सहे तन से
तू माने या ना माने पर,
तुझे आज मिला है मुझसे ही....

सब इच्छाओं का दफ़न किया,
बचपन सींचा और बड़ा किया
जो दौड़ रहा तेरे अंदर,
वोह खून मिला है मुझसे ही.....

तेरी हर जरूरत को मान दिया,
सब कुछ ही अपना वार दिया।
ऐ जला डालने वाले सुन,

तेरी आग बुझी है मुझसे ही......

नहीं लाती अगर जहां में मैं ,
फिर बता कहाँ से आता तू
नहीं देती जन्म अगर तुझको,
तोह पहले ही मर जाता तू......

मन में आंसू का रेला है,
तेरी हर पीड़ा को झेला है।
क्यूं वार कर रहा अब मुझपे,
संतान मिली है मुझसे ही.......

कभी ममता की छांव देकर,
प्रेयसी कभी पत्नी बनकर,
कभी बनी बुढ़ापे का संबल,
हर प्यार मिला है मुझसे ही......

रुदन आसमां का

रात ना आसमां सोया, दहाड़ें मारके रोया
रुदन से लग रहा ऐसा, जैसे औलाद को खोया

नींद से उठ गई 'ऊषा', 'रवि' पर घर न आया था
'किरन' कहाँ खो गई जाने, शोर उसने मचाया था
आसमां याद में उनकी, बहुत छुप-छुप के था रोया
रात ना आसमां सोया.................

'सांझ' तो आ गई है घर, वक्त ने बताया था
बात ये वक्त की सुनके, आसमां मुस्कुराया था
सांझ के साथ मिलकर वोह, हूँकरी खूब भर रोया
रत ना आसमां सोया...................

'निशा' भी लौट घर आई, 'शशि' का ना ठिकाना था
शशि के साथ ही तो खेलकर, 'तारा' को आना था
फिक्र में अपने बच्चों की, नहीं वोह एक पल सोया
रात ना आसमां सोया...................

'चाँदनी' ले गई शशि को,शोर बिजली का आया था

कड़क के बोलकर उसने,चाँदनी को डराया था

डाट सुनकर के बिजली की,'रवि' ने उठके मुंह धोया

रात ना आसमां सोया.....................

सिसकती आत्मा

मनों बोझ मन पर रक्खा था,
जिसे छोड़ अब आया हूँ....
त्याग दिया मैंने मिथ्या को,
सत्य ओढ़कर आया हूँ......

१- अपनों की खातिर अपनों से,
दूर चला मैं आया हूँ.......
हर-एक मुश्किल का हल अब,
मैं अपनों को कर आया हूँ.....
त्याग दिया......................

२- पत्नी को धन की गठरी दे,
आजादी दे आया हूँ.......
हर बंधन से मुक्त उसे,
और मैं खुद भी हो आया हूँ.....
त्याग दिया...................

३- आजीवन का साधन कर,
बच्चों को खुश कर आया हूँ.....
भरे हुए नफरत से दिल को,
कुछ खाली कर आया हूँ........
त्याग दिया........................

४- खुशियाँ जीभर जी लेना,
जो नहीं तुम्हें दे पाया था....
सारे तहखानों की चाबी,
वहीं छोड़ मैं आया हूँ........
त्याग दिया..................

५- सब कुछ तुमको सौंप दिया,
मैं खाली हाथ ही आया हूँ........
अगर हो सके तुम ले आना,
बोझ नहीं ला पाया हूँ.......
त्याग दिया..................

६- दान-पुण्य और धरम-करम,
सब साथ आ गए हैं मेरे.......
जिन रत्नों से नफरत थी,
मैं साथ उन्हें ले आया हूँ.......
त्याग दिया....................

कीमत...... जान की

कहीं तीन लाख कहीं चार लाख
गर जान की कीमत तय होगी
सरकार बता चल भाव लगा,
तेरी जान की कीमत क्या होगी....?

नहीं आँच देश पर आने दी
कितने वीरों ने जानें दीं
बन गए ढाल भारत माँ की,
और पूतों की पहचानें दीं
मिट गई देश की खातिर जो,
उस जान की कीमत क्या होगी ?
सरकार बता चल भाव लगा
तेरी जान की कीमत क्या होगी.....??

एक दुलहन का श्रृंगार गया
सम्मान गया, अभिमान गया
जो ख्वाब सजाए बैठी थी,
उन्हें जीने का अरमान गया

उन टीस भरे जज़्बातों की,
बतला तो कीमत क्या होगी?
सरकार बता चल भाव लगा,
तेरी जान की कीमत क्या होगी....??

कहीं गोद उजड़ गई मांओं की,
कहीं माथे का सिंदूर गया
कहीं टूटा बंधन राखी का
कहीं अनुज किसी का रूठ गया
चल आज बता कीमत इनकी,
तेरी नज़रों में क्या होगी ?
सरकार बता चल भाव लगा
तेरी जान की कीमत क्या होगी....??

चाहे नगर मुज़फ्फर को देखो
चाहे देखो तुम केदारनाथ
जब लाशें बिछ गई धरती पर,
दिखे धीर बंधाते देशनाथ
अब देशनाथ तू देखेगा
तेरे न्याय की कीमत क्या होगी?

सरकार बता चल भाव लगा
तेरी जान की कीमत क्या होगी....??

कहीं तीन लाख, कहीं चार लाख,
गर जान की कीमत तय होगी
सरकार बता चल भाव लगा,
तेरी जान की कीमत क्या होगी...??

माँ

सिसकती रहती मेरी माँ
मुझे बर्बाद कर डाला
मेरे खुद लाड़लों ने ही
मुझे कंगाल कर डाला
सिसकती...............

खड़ी रहती थी मैं तन के
भाल बे-दाग रहता था
ज़ालिमों ने मेरी इज्ज़त को
मिल नीलाम कर डाला
सिसकती.................

कहूं औलाद मैं अपनी
या दुश्मन मैं कहूँ इनको
बैठकर मेरे दिल में ही
मुझी पर वार कर डाला
सिसकती...............

लाल एक आया है मेरा
बचाने लाज अब मेरी
मेरे मैले हुए आंचल को
जिसने साफ कर डाला
सिसक रही थी......

हो गया खेल अब पूरा
कपूतो अब सुधर जाओ
नहीं जो कर पाए अब तक
वोह उसने काम कर डाला
सिसक रही थी...........

दुआ तुझको करुंगी मैं
सियासत फिर से हो तेरी
लगाकर सीने से अपने
मेरा उद्धार कर डाला
सिसक रही थी..........

सम्बंधों में अपनापन हो

जीवन हो उस अमरबेल-सा,
सुमन-सरीखा सुंदर मन हो।
खुशबू-सा महके घर-आंगन,
सम्बंधों में अपनापन हो......

मान और सम्मान बसे यहाँ,
आदर-भाव सभी का सम हो
कोयल-सी हो मीठी वाणी और,
भावों से निश्छल हर जन हो।
खुशबू-सा महके घर-आंगन,
सम्बंधों में अपनापन हो.....

शर्म-हया का गहना पहने,
नारी से ही हर उत्सव हो।
फलीभूत हो भाव समर्पण,
जीवन-पथ की राह सुगम हो।
खुशबू-सा महके घर-आंगन,

सम्बंधों में अपनापन हो.....

संस्कार की कलियाँ महके,
प्रेम-भाव से सिंचित मन हो।
किलकारी की गूंज उठे तो,
लगे मनोहर घर उपवन हो।
खुशबू-सा महके घर-आंगन,
सम्बंधों में अपनापन हो.....

अग्रज,अनुज,सहोदरा संग जन,
स्नेहिल अटूट-बंधन हो ।
दादा-दादी, बुआ,चाचा अरु,
अनुपम धन जैसे परिजन हो।
खुशबू-सा महके घर-आंगन,
सम्बंधों में अपनापन हो.....

वक़्त की मार

मदमस्त हवाओं ने देखो,
ये कैसा रुख अपनाया है
यूं घोल के ज़हर फिज़ाओं मे,
क्या हाहाकार मचाया है......

दिन चीख रहा सन्नाटे से,
रातों ने रुदन मचाया है
कहीं दीप बुझ रहा है घर का
कही अंधियारा गहराया है
मदमस्त हवाओं ने........

अंवार लगा कहीं लाशों का,
कोई जान बचाने आया है
कहीं जंग चल रही सांसों की
कोई सारी रात करहाया है
मदमस्त हवाओं ने...........
इन नेताओं की नीति ने,

भ्रमजाल बहुत फैलाया है
खुद दिखलाने को पाक़-साफ
मिथ्या आरोप लगाया है
मदमस्त हवाओं ने.............

सब काम-काज ही छूट गए
रोजी का संकट आया है
हर सक्श जूझ रहा रोटी को,
अवसाद में कोई आया है
मदमस्त हवाओं ने.............

सब भूल गए मिलना-जुलना,
ना अपना कोई पराया है
देखो तो इस महामारी ने,
कैसा कोहराम मचाया है
मदमस्त हवाओं ने.............

मंदोदरी बनी यूं मधुरा

पहुँची वोह कैलाश-शिखर पर,
कैलाशपति को पाने को.....
अद्भुत नृत्य किया मधुरा ने,
शिव को खूब रिझाने को.....

तन पर भस्म अप्सरा के जब,
लगा हुआ माँ (पार्वती) ने देखा.....
क्रोधित होकर श्राप दिया,
जा कुंए में उसको फेंका.....

बन मंडूक कूप में उसने,
बारह बरस बिताए थे.....
मयसासुर-हेमा के तप के,
दिन भी पूरे हो आए थे....

सुंदर कन्या की पुकार,
जब पड़ी कूप से कानों में.....
भाव-विह्वल हो उठे,

तपस्या पूर्ण हुई थी सालों में....
मंदोदरी बनी यूं मधुरा,
मयसासुर के घर आके.....
धन्य हो गई माँ हेमा भी,
रूपमती बेटी पाके......
अनायास रावण मिलने को,
मयसासुर के घर आया.....
देख अप्सरा-सी कन्या,
दिल रावण का उस पर आया....

रख समक्ष प्रस्ताव,
सवाल एक, मयसासुर से कर डाला..
मंदोदरी से ब्याह रचाने का,
निर्णय यूं ले डाला.....
देख असहमति मयसासुर की,
जबरन ब्याह रचाया था......
पटरानी यूं बनाके रावण,
घर लंका ले आया था.....

फिर दोहराई वही कहानी,
सीता को हर लाने की....
विफल हो गई सारी नीति,
रावण को समझाने की.....

पड़ा धरा पर देख पति को,
विवश हुई महारानी थी....
पर, विनय राम की,विवाह अनुज संग
मानी ना पटरानी थी......

बना वभीषण को राजा,
लंकापति का सम्मान दिया.....
फिर, मंदोदरी ने राम-विनय को,
खुद आकर के मान किया.....

खोट किस्मत का

जिस प्यार की आस लगाए थे,
वोह प्यार कहाँ किस्मत में था।
हम प्यास बुझाने आए थे,
पर जाम कहाँ किस्मत में था।

हम ख्वाब सजाते रहते थे,
तस्वीर बनाते रहते थे,
बिन पंख ही उड़ते रहते थे,
पर चाँद कहाँ किस्मत में था।

नई दुनियां में रम जाएँगे,
सब बीती बात भुलाएँगे,
बस उनका साथ निभाएँगे,
पर साथ कहाँ किस्मत में था।

एक ऐसी छवि बनाई थी,
जो मन में खूब समाई थी,
बस पूजा करना चाहते थे,

पर राम कहाँ किस्मत में था।

इस कदर अगर ठुकराएँगे,

तोह खुद भी ठोकर खाएँगे,

ठोकर ही तो खाई अब तक,

सम्मान कहाँ किस्मत में था।

इस दिल को भी अब सुला दिया,

ज़िंदा ही इसको जला दिया,

घर में ही लाश जलाई थी,

समशान कहाँ किस्मत में था।

एक दिन रोना एक दिन हंसना,

बस यही तमाशा रहता था,

हर रोज़ मुस्कुराते रहना,

'अनु जान' कहाँ किस्मत में था।

अच्छा उन्हें मैंने बच्चा बनाया

जब वोह हमारे पहली बार आए,
तो खिड़की, दरवाजे सारे बजाए ।
हमने कहा खुला है दरवाजा,
किबाड़े भिड़ी हैं न लागा है ताला ।
इस पर भी कुण्डी उन्होने बजाई,
तो गुस्से में मैं उन पर झल्लाई ।
दरवाजा खोल हाथ मैंने उठाया,
बच्चों के बीच नए बच्चे को पाया ।
मैने कहा रोज नए-नए आ जाते हैं
मम्मी को जाने ये बच्चे क्यूं भाते हैं ।
अंदर वोह आकर खड़े हो गए,
पहचाना ना उनको तो रो गए ।
मैंने कहा क्यूं रोते हो भाई ?
बैठ जाओ मम्मी अभी चिड़वे लाई ।
चुपचाप घूरने लगे मुझको ऐसे,
पिया की दुलहन नई-नई हो जैसे ।
मैंने कहा बच्चे उम्र क्या तुम्हारी है ??
तूने नजर ऐसी क्यूं हम पे डारी है ।

खेलो, पढ़ो, खाओ, उम्र ये तुम्हारी है
और प्रेम की लीला तो सबसे पिछाड़ी है ।
सुनते रहे उपदेश सब मेरे,
हंसते रहे धीरे-धीरे पीठ फेरे ।
कुछ देर बाद उनकी सासूजी आई,
राम-राम कर बोले हम हैं जवांई ।
सुनते ही सर मैंने ऊपर उठाया,
कपड़ों को छोड़ ध्यान उन पर लगाया ।
जब ध्यान मेरा उनकी मूंछों पे आया,
तोह उंगली को दांतों से मैंने दबाया ।
हंसकर नजर को मैने झूकाया,
अच्छा उन्हें मैंने बच्चा बनाया ।

अबला बन तू वीरांगना

मजबूर नहीं हमको करना, वर्ना हथियार उठा लेंगे
हम जयशंकर की अबला भी, झांसी की याद दिला देंगे

आओ न किसी बहकावे में, नहीं दुश्मन आग लगा देंगे
ये देश तो बंधु अपना है, इसको हम नहीं सजा देंगे
अब धर्म और जाति का हम, सब मिलकर गला दबा देंगे
हम जयशंकर की अबला ही, झांसी की अदा दिखा देंगे

मत नियमों का पालन तोड़ो, मत जुर्म और अन्याय करो
मत बेचो अब ईमान और, थोड़ा-सा तो अब न्याय करो
आ गए 'किरन वेदी' बन जो, तो नाकों चने चवा देंगे
हम जयशंकर की अबला ही, 'वेदी' की याद दिला देंगे

ओ बहशी और दरिंदे सुन, नहीं रोज-रोज सलाह देंगे
गर दामिनी और बनाई तो, हम फूलन और बना देंगे
नहीं बाज अगर तुम आए तो, हम खुद कनून बना लेंगे
हम जयशंकर की अबला ही, 'मनु' की तलवार चला देंगे

भारत की बेटी 'कल्पना' है, भारत की बेटी 'विलियम' है
भारत की बेटी है 'सानिया', भारत की बेटी 'सिंधु' है
ऐसे ही रत्नों की जाने हम, कितनी फसल उगा देंगे
हम जयशंकर की अबला ही, भारत का मान बढ़ा देंगे

बनवासोद्देश्य बनाम् विजयोत्सव

जिस माँ ने तव बनवास दिया,अब दीप जलाए उसने ही
जिस काम को करने भेजा था,लौटा है उसको करके ही

जगमग-जगमग तब दीप जले और बम पटाखे गली-गली
मेरा राम अयोद्धया लौटा है,पगली सी ममता दौड़ पड़ी

वोह बुरी बनी माँ किस कारण, ना जान सका ये राज़ कोई
क्यूं वन में भेजा प्रिय लाल,क्यूँ कोप भवन में वोह सोई

उस माँ को था विश्वास एक, ये काम करेगा राम सही
करना था अन्त बुराई का, कोई छल उसका उद्देश्य नहीं

यदि माँ कैकेई ना होती तो,भगवान राम क्या जाते वन ?
वन राम अगर नहीं जाते तो क्या रावण आज जलाते हम?

जो दीप जले घर आने पर क्या दीपक आज जलाते हम?
सच आज मनाते जो खुशियां शायद फिर नहीं मनाते हम
आज बेशक दीप जलाते हैं खुशियां भी सभी मनाते हैं

तब हुआ जो आग्या का पालन, क्या आज्ञा कहीं दोहराते है

एक सबक छुपा है बस इसमें, चाहो तो तुम भी अमल करो
आदर्श बना लो तुम माँ को, फिर केवल अपना करम करो

कोई हर्ज़ नही माँ कैकेई हो, और लाल बने हर राम सा ही
नहीं पनप सके कोई पाप यहाँ, और राज बने फिर राम सा ही ।

चलते रहना ही जीवन है

सृष्टि के कण-कण में जीवन
ये सजीव हरि का उपवन है
यूं रुकने की नहीं इज़ाजत,
चलते रहना ही जीवन है.....

पेड़ों में गर श्वसन न होती
पौधों की भी नसल न होती
सोचो अगर पवन रुक जाती
सांसों की भी गति रुक जाती
क्या कोई यहाँ जीवन होता?
इंसां क्या यहाँ कोई न होता
यूं रुकने का नहीं चलन है
चलते रहना ही जीवन है......

झरना भी झर-झर ना बहता
चोट पहाड़ों की ना सहता
कैसे गंगा-यमुना बहती ?
क्या प्यासी ना दुनियां रहती?

त्राहि-त्राहि प्राणी चिल्लाता
पशु-पक्षी प्यासा मर जाता
यूं रुकने का नहीं चलन है
चलते रहना ही जीवन है.....

सूरज में गर्मी ना होती
दुनियां भी रोशन कहाँ होती?
अंधकार ही होता जग में
जीव-जंतु क्या होते वन में?
व्याकुल मन भी तो घबराता
फिर कोई कैसे रह पाता?
यूं रुकने का नहीं चलन है
चलते रहना ही जीवन है.....

जगह अगर भूमि ना देती
कैसे सर पर भी छत होती?
बोझ सभी का उठा रही है
माँ है ममता लुटा रही है
तुम भी अपना फ़र्ज़ निभाना
फूलों से तुम इसे सजाना

क्यूं कि-

यूं रुकने का नहीं चलन है

चलते रहना ही जीवन है.....

पवन वेग से चलना सीखो

नदियों से तुम बहना

सूरज जैसा ताप बनो तुम

और धरा से सहना.....

क्यूं कि-
यूं रुकने का नहीं चलन है
चलते रहना ही जीवन है.....

पवन वेग से चलना सीखो
नदियों से तुम बहना
सूरज जैसा ताप बनो तुम
और धरा से सहना.....

तेरी आँखें

बड़ी ही खूबसूरत, मद् भरी खामोश आँखें।
कहना चाहती हैं कुछ, झुक जाती हैं तेरी आँखें। ।

मुस्कुराहट जब भी चेहरे से गुजरती है कभी,
तेरे हंसने से पहले हंसती हैं तेरी आँखें.......

जब भी आते हैं खुशी और कभी गम के लम्हे,
कभी हंसती कभी रोती भी हैं तेरी आँखें.......

किसी की याद में जगती रहीं शायद बेचारी,
बड़ी चंचल, कटीली, नींद से बोझिल हैं आँखें......

रंग आता नहीं है कुछ समझ बतलाऊं कैसे,
कभी भूरी, गुलाबी, लाल हैं तेरी आँखें........

लड़खड़ाएगा कोई देखकर मदहोशी इनकी,
हाय 'अनुजान' को भी प्यारी हैं तेरी आँखें......

रपट (रिपोर्ट) धरती की

भगवान तुम्हारे दफ्तर में,
एक बार जो मिलना हो जाता।
मैं रपट लिखाती धरती की,
तू शर्म से पानी हो जाता।

तेरी बस्ती के कुछ बंदे,
बस जात-पात फैलाते हैं।
खुद बैठ सुरक्षित छांव में,
दो पक्षों को लड़वाते हैं।
हो रहा है क्या-क्या धरती पर,
तू देख अगर उसको पाता।
फिर अल्लाह हो या ईश्वर तू,
तू शर्म से पानी हो जाता।।
भगवान तुम्हारे.................

कुछ लोग अपाहिज धरती पर,
सिंहासन पर जम बैठे हैं।
हर बार वार सह जाते हैं,

और हाथ मिलाते रहते हैं।
तू होता गर इंसान बता,
क्या बार-बार ठोकर खाता??
जो मारे राक्षस गिनवाती,
तू शर्म से पानी हो जाता।
भगवान तुम्हारे...............

कुछ बहशी और दरिंदे भी,
तेरी बस्ती में रहते हैं।
जो लूटते अस्मत बहनों की,
और चीज काम की कहते हैं।
तू आँख खोलकर देखता जो,
तो कहाँ डूबने फिर जाता।
जो चीख सुनाती अबला की,
तू शर्म से पानी हो जाता।
भगवान तुम्हारे................
सब कहते तू सब देख रहा,
क्या ये सब नज़र नहीं आता?
हो रहा यहाँ अन्याय घोर,
क्या ये सब ही तुझको भाता?

विश्वास उठ रहा है तुझसे,

गर है, प्रमाण तो दे जाता।

कुछ कह जाती यदि और तुझे,

तू शर्म से पानी हो जाता।

भगवान तुम्हारे..............

दर्द समूचे विश्व का (वैश्विक महामारी)

यूं जैविक हथियार छोड़कर
चीन चैन से सोया है....
कोरोना की मार से देखो विश्व समूचा रोया है....

कोरोना से बचने हेतु कैद हुआ है हर इंसान,
उसको कौन बचाए यारो जो सड़कों पर सोया है....
कोरोना की मार से देखो.......

देश बचाने को तत्पर जो लगे हुए हैं सेवा में,
है सल्यूट उस हर हीरो को, जो रातों को ना सोया है .....
कोरोना की मार से देखो.....

हिंदुस्तां अब एक हुआ है लड़ने को महामारी से,
खतम करेंगे कोरोना को, जो बीज चीन का बोया है.....
कोरोना की मार से देखो.....

अबोध बालक 'मन'

ये बालक कितना चंचल है,
अभी खड़ा यहीं, अभी गया कहीं
इसकी लीला भी अद्भुत है,
अड़ गया कहीं, कहीं रुका नहीं

ये ज़िद्दी है कमबख्त बड़ा,
कोई बात नहीं ये सुनता है
भा जाए कोई चीज अगर,
उसके ही सपने बुनता है

इतना समझाती रहती हूँ
मत जाना रे तू दूर कहीं
मैं तो ढूढूंगी आस-पास,
तू रह जाएगा भूल कहीं

बन गया दोस्त जो गर कोई,
तू खेलता ही रह जाएगा
कोई चीज नहीं फिर भाएगी,

तू भूखा ही सो जाएगा

नादान अभी तू जानता क्या,

तुझे दुनियां की पहचान नहीं

बहलाऐंगे, फुसलाऐंगे,

तुझे ले जाऐंगे लोग कहीं

तू तो भोला है रे पागल

मत चल भी देना साथ कहीं

तू चीखेगा, चिल्लाएगा

गर मिल जाएगी रात कहीं

दुख साथ लिए जब लौटेगा

मैं कैसे तुझे संभालूगी

तू बिलख-बिलख कर रोएगा

फिर कैसे तुझे सजा दूंगी

अब लगन लगा ले राम से तू

मत भटक नहीं गिर जाएगा

पड़के दुनियाँ के चक्कर में,

बेकार ही वक्त गवाँऐगा

बातों-बातों में ये दिल कहाँ खो गए

राह अपनी जुदा फिर भी दिल मिल गए।
बातों-बातों में ये दिल कहाँ खो गए।

प्यार तुमने किया, और सजा दी हमें।
दिल हमारा न था, क्यूं जगह दी हमें।
हम तुम्हारे न थे, फिर क्यूं तुम हो गए।
बातों-बातों में ये दिल कहाँ खो गए....

मंजिलें हैं जुदा, हैं जुदा रासते।
खाके होगा कसम, क्या मेरे वासते।
जो भी होने थे वोह, फासले हो गए।
बातों-बातों में ये दिल कहाँ खो गए....

कितने सालों का हय, तुम मेरा प्यार हो।
सच ही कहता हूँ मै, तुम मेरे यार हो।
तेरी दीवानगी पे, फिदा हो गए।
बातों-बातों में ये दिल कहाँ खो गए.....

खुल गई आँख भी, ख्वाब आया था जब।
क्या हुआ क्या पता, कुछ नहीं याद अब।
जब मेरी गोद में, आके तुम सो गए।
बातों-बातों में ये दिल कहाँ खो गए.......

प्रिय-मिलन

नजर आज धरती पर, बहुत चाँद आऐंगे
पर हम चाँद अपना, सितारों में पाऐंगे
इस बार हरगिज न हम मान पाऐंगे
या तो बुलाओगे या आप आऐंगे
चलो आज ये चौथ हम भी मनाऐंगे
सुनो मेरे प्रियवर मुझे लेने आऐंगे

वही प्रिय साड़ी वही लाल वाली
करो याद जिस पर बनी बूटी प्यारी
कुछ तो निशां तुमने खुद ही बनाए थे
जिसे चांदनी चौक से तुम ही लाए थे

सुनो आज साड़ी वही पहन ली है
घुंघरू ही वाली पायल भी ली है
नौ साल वाली कमी पूरी की है
हाँ आज मैंने माँग भर ली है
सीने से लग आज हम खूब रोऐंगे
फिर उम्रभर उनकी बाहों में सोऐंगे

सखी देखना आज जीभर जिऐंगे

तुम पीना जल हम गंगाजल पिऐंगे

संवाद होना चाहिए

गर मुश्किल का करना निदान
तो मौन नहीं कोई समाधान
अब मौन को मुक्त करो मन से,
हल काम होना चाहिए
ऐ सुनो प्रिए! इस बात पर,
संवाद होना चाहिए.....

अब खोल चक्षु और डाल दृष्टि
चहुं ओर हो रहा है अनिष्ट
ये महामारी और भूख-प्यास
हर जीव हो रहा है हताष
जीवन की कठिन परीक्षा का
कुछ निदान होना चाहिए
ऐ सुनो प्रिए! इस बात पर,
संवाद होना चाहिए....

सम हो शिक्षण, ना आरक्षण
सम मिले सभी को संरक्षण

अब जात-पात और भेद-भाव
सब खाक होना चाहिए
सम भाव होना चाहिए
ये काम होना चाहिए
ऐ सुनो प्रिए! इस बात पर.
संवाद होना चाहिए......

ये द्वेष-भाव रख मन-विकार
जन रोज हो रहे हैं शिकार
सुदृढ़ समाज की खातिर अब.
होना विचार कुछ चाहिए
ये काम होना चाहिए
कुछ निदान होना चाहिए
ऐ सुनो प्रिए! इस बात पर.
संवाद होना चाहिए......

समृद्ध देश की खातिर अब
कुछ चिंतन बहुत जरूरी है
और चाहत विश्व-गुरु की है तो.
मंथन बहुत जरूरी है

ये काम सुनिश्चित है करना
हर हाल में होना चाहिए
ऐ सुनो प्रिए! इस बात पर,
संवाद होना चाहिए.......

बचपन

वोह उछल-कूद और उठा-पटक
क्या गलियां क्या चौवारे थे
हम राजा थे अपने मन के,
बचपन के ठाठ निराले थे.......

वोह राजा-रानी की कहानी
जब दादी हमें सुनाती थी
फिर पता नहीं ना जाने कब
आँखों में नींद आ जाती थी
कभी नींद में बड़बड़ करते थे
कभी नींद मे उठके चलते थे
हम राजा थे अपने मन के
अपनी मनमानी करते थे.....

नित नियम सांझ को मिल जाना
मित्रों के रंग में रंग जाना
वोह चंगा-पौ और सांप-सीढ़ी

और खेल कबड्डी थक जाना
फिर छुपन-छुपाई , पोसमपार
खो-खो में उन्हें हराते थे
हम राजा थे अपने मन के
अपनी ही धाक् जमाते थे.......

परियों के किस्से भी नानी
जब अक्सर हमें सुनाती थी
तब चित्र तैरते आँखों में
सब सुध-बुध ही खो जाती थी
फिर पंख लगाकर सपनों में
हम दूर-देश हो आते थे
हम राजा थे अपने मन के
अपनी ही धाक् जमाते थे......

मेला बाबा के संग जाना
पैदल चल-चल के थक जाना
फिर जलता रावण देखने को
कंधों पर उनके चढ़ जाना
वोह गुब्बारे, तलवार, गदे
पाने की ज़िद कर जाते थे

हम राजा थे अपने मन के
अपनी ही धाक् जमाते थे.....

वोह सिक्के भरी हुई गुल्लक
जिसको हम रोज बजाते थे
गुड़िया का ब्याह रचाने को
सारी खाली कर जाते थे
गुड्डे-गुड़िया के खेल में भी
कितने भावुक हो जाते थे
हम राजा थे अपने मन के
अपनी ही धाक् जमाते थे....

प्रेम-चक्षु

जब प्रेम-चक्षु क्रीड़ा करते
सब सुध-बुध ही खो जाते हैं
जब घड़ी विरह की आती तब
वोह अविरल नीर बहाते हैं.....

नहीं थकते वाट जोहते भी,
एक टक ही वोह टिक जाते हैं
कभी प्रिय-मिलन की आशा में,
बेचैन बहुत हो जाते हैं.......

कभी शर्म-हया का गहना बन,
वोह मंद-मंद मुस्काते हैं
कभी प्रेमी की वाणी बनकर,
घंटो ही वोह बतियाते हैं.....

ये नैन बड़े जादूगर हैं,
जाने क्या-क्या खेल दिखाते हैं
आमंत्रण दे अपने प्रिय को,
चुपके-चुपके छल जाते हैं.......

कफ़न

अलग-अलग रोगों के रोगी पड़े हैं
सटे तो नहीं बैड पास ही पड़े हैं
एक के फेंफड़े तो सारे गले हैं
दूसरे के घाव अभी आधे भरे हैं

पहला रोगी -- एक दिन रोगी ने रोगी से पूछा
शादी के बारे में क्या तुमने सोचा?

दूसरा रोगी-- सच-सच बता दूं मुझे शादी न करनी
झूठ-मूठ मुझको हामी न भरनी

पहला रोगी-- रोगी ने पूंछा क्या कारण है इसका??

दूसरा रोगी-- तो रोगी तो अपने ख्वाबों में भटका
पहले तो रोगी ने कारण छुपाया
चेहरा भी उसका खुद आप मुरझाया
उसने कहा मैं धोखा न दूंगी

जो सच है बिल्कुल वो तुमसे कहुंगी
ये ठीक है कि मैं तुमको भाती हूँ
मगर साथ मैं किसी और को चाहती हूँ

पहला रोगी-- ये शब्द सुनते ही रोगी घबराया
साथ-साथ आँखों में पानी भी लाया
कंपते हुए शब्द होठों पे लाया
अच्छा ये तुमने वादा निभाया
बतला तो दो किसकी किस्मत जगी है
ज़ख्म तो मुझे उसकी दवा किसे दी है
रो-रो के जो हाल उसने बनाया

दूसरि रोगी-- फिर हाल रोगी ने अपना सुनाया
मैं जिसे चाहती उसे भाती नहीं हूँ
मुझको बुलाता जो, जाती नहीं हूँ
वोह चाहे ना चाहे मैं तो उसे चाहूंगी
वोह आए ना आए मैं तो बुलाऊंगी
दर्द ही सहने को उसने मुझे छोड़ा है
किस-किस गली से ना जाने मोड़ा है
मुझको भी देखनी है उसकी जुदाई

न्याय तो देगी मुझे मेरी खुदाई
दिन वोह भी जल्दी आएगा जरूर
सब टूट जाएगा उसका गुरूर
एक दिन तो होगा वोह जब मुझको चाहेगा
अपनी सफेदी में मुझको छुपाएगा
विस्तर भी मेरा वोह खुद ही लगाएगा
फिर प्यार से वोह मुझको उठाएगा

मैं दयालु अध्यापिका हूँ

जी हाँ दयालु ही हूँ मैं

लोगों पर दया करती हूँ मैं

करता नहीं है मन मेरा

कि हो दिमांग कुछ कम मेरा

कारण यही तुम जान लो

पाती नहीं विध्यालय में मैं पढ़ा

ये विध्यार्थी भी जिद्दी बड़े

करते रहे परेशां ही मुझे

डरते हों चाहे वह भले

आते हैं घर तक भी चले

समझाओ समझते हैं नहीं

कहती हूँ टाइम है नहीं

रहते हैं फिर भी वह अड़े

विनती भी करते हैं खड़े

कहते हैं मर्जी भी रही

टाइम हो जितना भी, सही

बस कृपा आपकी चाहिए

परीक्षा में पास कराइए

एक तो ऐसी गिड़गिड़ाई है
देख मुझको दया सी आई है
मैंने भी उससे कह दी है
मत रो बहुत तू रोली है
ठीक है आप आ जाइएगा
एडवांस साथ ले आइएगा

बेशर्म-उदासी

कभी-कभी उदासी ये मेरी,
बेशर्म बहुत हो जाती है।
फिर उठा के पर्दा खुशियों का,
वोह नग्न रूप में आती है....

मैं ढांप-ढांप थक जाती हूँ,
वोह कहाँ मगर ढक पाती है।
हल्का-सा आंचल खुशियों का,
खिसका-खिसका कर जाती है.....

झीने-से आंचल में उसको,
रखती हूँ बड़ी हिफ़ाजत से
बशर्म बड़ी मस्तानी है,
सब फाड़-फाड़ दिखलाती है....

कितना समझाती रहती हूँ,
पर नहीं समझ कुछ पाती है
बच्चों की तरह न क्यूं जालिम,

आ-आ कर मुझे चिढ़ाती है......

मत सामने आया कर सबके,

अनुरोध ही करती रहती हूँ।

ज़िद्दी है पर इतनी ज़ालिम,

तब ज्यादा मुझे सताती है.....

दुविधा

खिलाफ नहीं हूं मैं

उड़ने के ,

और न पक्षधर

पिंजरे के,

किन्तु,

कैसे दें इजाज़त उन्हें

उड़ने की.......

अबोध परिंदों को,

मनमानी करने की.....

जिन्हें दिशाओं का,

बोध ही नहीं....

कब,कहां,कैसे, क्या गलत है,

क्या सही.....

माना कि--

तमन्नाऐं मचलती हैं ,

मुकम्मल उड़ान को तरसती हैं.....

किन्तु,

उनका क्या ??

जो हर दिशा में,

घात् लगाए बैठे हैं.....

मदमस्त परिंदों को,

झपटने को रहते हैं.....

नुकीले पंजो में दबोच,

शिकार बनाने के लिए.....

क्या कहूं और क्या न कहूं,

ऐसे जमाने के लिए......

न....न....न....न....न.....साहब,

अब न हिम्मत है,

दूर तक उड़ाने की......

और न यूं इस कदर,

तड़पाने की.....

तो---

क्या करें क्या ना करें

ये कैसी मुश्किल हाय

कोई तो बता दे,

इसका हल ओ मेरे भाई

पंखों को आजमाने पंछी,
जो जबरन उड़ जाते हैं......
ममता और दुलार से पूछो,
क्या पीते क्या खाते हैं....

प्रेम-कथा

हाँ सुना था दर्द,
महसूस की थी तुम्हारी बेचैनी और तड़प...
जब सुनाई थी
एक प्रेम-कथा तुमने,
दिल की गहराइयों में उतर कर...
अनायास कुछ बिंब उभर,
तैरने लगे थे मेरी नज़रों में......
आहा......! अद्भुत.......!
तुम्हारे सुनाए उन दृश्यों को
मेरी नम आँखें देख रही थीं.....
और,
तुम कहते हो कि --
प्रेम अकारण होता है!
न....न....न....न......
अकारण तो नफरत भी नहीं होती साहब,
तो फिर प्रेम ???
वो सुना है न...
दिल से दिल मिलने का कोई कारण होगा....
बिना कारण कोई बात नहीं होती......

जवाब

सुनो....

तुम्हारे,

उस सवाल का जवाब.....

लज्जा--

जिसे, खुद में समेट लेती है.....

शब्द मूक, गला अवरुद्ध,

और,

सांसें थम-सी जाती हैं......

गालों की लालिमा,

होठों की मुस्कान,

झुकी हुई नज़रें.....

अनकहे शब्दों में,

कुछ कह-सी जाती हैं.....

हवाओं के सीने पर,

भावों की स्याही से,

लिख छोड़ा है.....

अगर,

समझ न सको...

तो--

महसूस जरूर करना...

शायद!

जबाब वही हो,

जो तुम,

सुनना चाहते हो...

विकल्प

सबाल तो--

एक ही था....सहाब

शायद!

जवाब ही कुछ,

अलग-अलग हो गए थे हमारे...

क्यूं कि--

वक्त के परीक्षक ने,

विकल्प जो रख छोड़े थे.....

जो उचित लगा मुझे,

मैंने चुना....

और....

जो तुम्हें, वोह तुमने...

किन्तु अफसोस!

कि--

समय परीक्षक --

परिणाम घोषित न कर सका..

पता नहीं......

कौन सही था???

मैं ????

तुम????

या फिर...

दोनों????

अजीब दासतां है ये......

प्रीत का दर्द

दिल की जिस सरजमीं पर

बिना इज़ाजत के,

प्रेम का.....

जो बीज रोपा था तुमने

वोह जमीं....

अपनी ही थी साहिब

बेशक......बेशक .....

बेइंतहा मौहब्बत से,

सींचा था तुमने उसे....

जिसके फलस्वरूप--

जन्म हुआ,

हमारी प्रीत का....

प्रीत अब,

बड़ी हो रही है साहिब....

तो--

कुछ वक्त उसे भी मिलना चहिए साहिब

खेल,लड़कपन और अठकेलियों के लिए....

ये क्या कि--

पैदा किया और छोड़ दिया
विरहा,
भटकने के लिए....
और अब कहते हो कि-
'तुम उसके गुलाम नहीं'

प्रेम

सौन्दर्य की अनुपस्थिति,

और गुणों का अभाव.....

तो फिर!

प्रेम का श्रोत क्या था???

अक्सर ही...

निगल जाते हैं मुझे,

तुम्हारे वोह शब्द,

जिन्हें मैं न निगल सकी.....

धरा का तड़पना,

और

बादलों का मात्र बरस जाना

प्रेम नहीं है प्रियवर....

प्रेम -- परवाह है, चिंता है, फिक्र है

सिर्फ!

मिलन ही नहीं,

बिछोह और त्याग भी है.....

रूह से रूह तक पहुंचना,

पूर्ण आकार है प्रेम का.....

न कि मात्र तृष्णा-तृप्ति ।।

वादा

अपनी व्यथा को दफ़ना
तुम्हारे प्रिय की खोज में
निकल पड़ी थी मैं...
और तुमने सोच लिया
कि बड़ी मतलबी थी मैं...
कर दिया होगा बंद तुमने
पुकारना मुझे.....
पर वोह मन की पीर,
और रात के सन्नाटे की,
वोह सिसकियां.....
आज भी सोने नहीं देती मुझे....
ना जाने किस जहां मे,
ले जाती हैं मुझे.....
चाहकर भी चाहना
आसान नहीं है.......
और तुम ये कैसे कह सकते हो,
कि मेरी दुनियां,
वीरान नही है.....

और हां,

वोह वादा याद है न....??

जो किया था हमने,

एक-दूसरे से, मिलने का

इस जहां से,

उस जहां में चलने का

तोह.........

"सितारों के जहाँ में मिलेंगे हम यारा"

मिलेंगे न.....??

संदेश

वही वक्त है, वही हैं फ़िज़ाएं
वही है मौसम, वही हैं हवाएं
जो मांग रहे हैं जवाब--
उस प्रस्ताव का,
जो वर्षों पहले रखा था तुमने,
मेरे समक्ष ---

एक अजनबी सी आवाज़,
हवाओं के गलियारे उतर
फुसफुसा गई थी कानों में,
कि सुनो--
"'हमें तुमसे मोहब्बत हो गई है"
तब,
पसर गया था सन्नाटा,
थम गई थीं सांसें,
फैल गई थीं आँखें,
ठहर गई थी पुतलियां,
और रह गए थे

स्तब्ध, ठगे से हम

और अब--

वही हवाऐं ज़िद पर अड़ी हैं....

संदेशवाहक बन सर पर खड़ी हैं....

कि --

कह दूं मै भी, तुम्हें

कि सुनो--

" ये दुनियां खूबसूरत हो गई है"

इंतज़ार

बहुत लम्बी होती है उम्र,
इंतज़ार की
बेसब्र और बेरहम भी....
फिर,
तुम्हारा यूं अकारण ही,
मुंह फेर लेना,
दुविधा को जन्म दे ही जाता है...

कभी देखी है चांदनी,
खिलखिलाती चांद के बगैर...
या कि--
फूल का मुस्कुराना,
किरन के बगैर......

अंधकारमय हो जाती है सृष्टि,
और डूब जाती है धरा अंधेरों में,
अमावस की स्याह रात में......
तुम्हारा ये मौन और बेरुखी,

मेरे लिए कम नहीं है
किसी अमावस की रात से प्रियवर......

जब,
मायूसी समेट लेती है आगोश में,
और पसर जाता है सन्नाटा,
दिल की उन हसीन गलियों में.....
तब,
यादों की चादर ओढ़,
अतीत की गहराईयों में उतर,
सो जाती हूँ मैं
एक मासूम बच्चे की तरह
तुम्हारे इंतज़ार में.......

सब कुछ मुमकिन तो नहीं

सुनो,

हम कोई ऐतिहासिक पात्र नही

जो इतिहास रच डालें...

तुम बन जाओ बाजीराव

और हम ,

मस्तानी का रोल कर डालें.....

हा हा हा हा हा....

और

ऐसा भी नही कि-

तुम आवाज लगाओ

और मैं दौड़ी चली आऊं

फिल्मों वाली हीरोइन का

किरदार निभाऊं......

तुम्हारी बाहों में समा जाऊं...

और पहाड़ियों के बीच बैठ,

झरने में नहाऊं.......

ह ह ह ह ह ह......

ये दुनियां है यारा

जीने नही देगी...

इसीलिए,

हमें साथ तो चलना है

पर,

न मुझे पहाड़ी पर चढना है

और न तुम्हें बाजीराव बनना है

हा हा हा हा हा.....

मगर फिर भी.....

हम तुम दोनो जब मिल जाऐंगे

एक नया इतिहास बनाऐंगे.....

बनाऐंगे न.....???

ह ह ह ह ह ह ह ....

मौन हूँ..... अनभिज्ञ नहीं

बस मौन हूँ .....

अनभिज्ञ नहीं हूँ

खूब समझती हूँ

तुम्हारी कही, अनकही बातें,

परन्तु

जान के अंजान बनना,

सम्मान बनाए रखना,

असहनीय अवस्था तक...

सहन करना,

नियति है मेरी.....

गहरी सोच, पारखी नज़र, असीम क्षमता,

सब है मेरे पास...

नहीं है तो...वोह है

तुम जैसा गुरूर और अहंकार....

जिसे ओढ़कर,

मैं भी कह सकूं कि---

मर्दों की अक्ल घुटनों में होती है......

बस मौन हूँ......अनभिज्ञ नहीं हूँ मैं

हस्तरेखा

जब जब मैं,

सोचती हूँ तुम्हें...

अनायास...

मेरे हाथ,

हाथ की उन चंद लकीरों को,

मसलने लगते हैं ,

जिनमें.....

लिख दिया था ,

कुदरत ने तुम्हें...

सिर्फ औ सिर्फ ,

बिसरा देने के लिए....

और

विडम्बना तो देखो,

न लकीरें ही मिटी वोह...

और,

ना ही मानस-पटल से तुम।

हिदायत

सुनो मेहरबां...

साथ तो हमें,

तुम्हारा ही चाहिए...

पर!

सहनशीलता की गठरी,

सदैव.....

बंधी ही रहनी चाहिए,

कोशिश भी,

हर तरह की होगी ही.....

मगर!

गांठ गठरी की,

खुलनी नहीं चाहिए.....

समझ गई न???

समेट लो वोह सामान

हाँ हाँ...

तो जाओ न,

रोका किसने है तुम्हें....???

समेट लो-----

उन यादों को,

बीती हुई बातों को,

अधूरी सी मुलाकातों को...

बाँध लो गांठ-----

उन अनछुए एहसासों की,

गुमसुम से जज़्बातों की,

शर्मीली सी रातों की,

जो बिखरे हुए हैं जहाँ-तहाँ

अब तुम्हें पता तो है----

बिखरा हुआ सामान,

और बे-वजह का बोझ,

हमें,

बिल्कुल पसंद नहीं....

जाने कहाँ गए वोह दिन

याद हैं वोह गलियां, वोह चौबारे,

वोह बूढ़ा नीम का विशाल वृक्ष

जहाँ सुबह से शाम तलक

महफिल जमा करती थी....

चाय के साथ रमी, चौकड़ी और लाद

चला करती थी.....

और हाँ

वोह चिड़ी, पान, हुकुम, ईंट के पत्तों के इशारे

उन दिनों न जाने ,

कितनी आँख मारी, कितने फूक मारे

हा हा हा हा हा....

मगर,

अब न वोह बात है,

न किसी का साथ है....

उफ्फ्फ्फ्फ....

अब तोह ,

शाम होते ही ,

बोतल खुला करती हैं ,

यारों के नाम पर,

तन्हाई मिला करती हैं।